Les Rêveries [illegible]

À Léo, Lise, Louis, Luna, Paul, Robin et Simon

J.-P. P.

Les Rêveries de Gaston Bachelard

racontées par
Jean-Philippe Pierron

illustrées par
Yann Kebbi

Les petits
Platons

C'est du côté de Bar-sur-Aube, une petite ville de Champagne, au nord-est de la France. Un pays de vallées et de collines, fait de marne et d'une terre lourde. Là poussent des vignes qui produisent un vin de renommée mondiale. Oh, ce n'est pas un petit coin de monde qui emprisonne et où l'on se sent à l'étroit. Mais un pays où l'on s'ancre dans une immensité intime. On appelle cette région, dans le patois du lieu, le Vallage. Une rivière y coule, l'Aube. Elle offre dans la fulgurance de l'instant, pour qui ne passe pas trop vite, la surprise du vol bleuté des martins pêcheurs. Dans ce pays courent, en un réseau serré, des ruisseaux bordés de saules pleureurs et d'oseraies, du bois desquels on tresse des paniers.

Ils sont assis autour d'un feu. Ils ? Quelques jeunes gens du pays, justement. Il y a Henri, le fils du tonnelier devenu professeur au collège. Adrien, un grand et solide gaillard qui fait le voyageur de commerce. Et Gaston, le plus petit des trois, au regard pétillant, aux cheveux en broussaille et à l'accent terreux, qui travaille à la poste. Manipulateur radio, il transmet des messages aux quatre coins de France. Tous trois profitent d'un jour de congé pour se balader, courir la campagne, faire des ricochets sur l'eau, et tailler des branches de noisetier, pour le plaisir de la taille...
Et pour parler aussi. Les voilà réunis, entre hommes, autour du même foyer qui accueillait jadis leurs après-midi d'école buissonnière, pour un moment d'importance. Fêter le mariage prochain de l'un d'eux, et enterrer sa vie de garçon.

En effet, à trente ans, Gaston, le fils du dépositaire de journaux Monsieur Bachelard, celui qui est commis des Postes et télécommunications, se marie, enfin, avec l'institutrice. Ça s'arrose ! Il fait encore jour. Ils n'ont pas froid. Ils ont pourtant allumé un feu.

« Hé, Gaston, tu me les passes ? demande Henri, fin connaisseur et gourmet qu'il est.
— Attends un peu ! Tu vois bien que les braises ne sont pas encore assez rouges ni la pierre assez chaude, lui répond Gaston.
— Toi, avec ton feu, il faut toujours que tu fasses des cérémonies, s'exclame en riant Adrien, de sa belle voix grave.
— Faire un feu, ce n'est pas allumer un réchaud à pétrole, reprend Gaston. Un réchaud, c'est pratique et utile mais cela n'a jamais fait rêver personne... Alors qu'un feu, c'est vivant, qu'est-ce que tu crois ! »

Il a dit cela les yeux mi-clos, plissés par la contemplation de la flamme qu'il s'amuse à provoquer avec un tison.

« N'en rajoute pas, répond d'un ton moqueur Adrien.
— Toi, tu as trop l'habitude de ton briquet et du pétrole. Mais tu oublies que le feu, on l'a rêvé avant de le domestiquer, murmure Gaston, en arrangeant les braises. »

«Je crois que ça devrait être bon, annonce-t-il soudain, tentant pendant quelques instants encore de profiter de la magie des flammèches oscillantes et vibrantes. Le feu est prêt. On peut les faire cuire.»

Il sort alors d'un grand sac de toile le produit de leur chasse : des escargots ! Du bel escargot de Bourgogne, bien gros, bien gras. C'est un plaisir dont ils ne se lassent pas, que celui de goûter la saveur de l'escargot placé tout gluant sur des braises rouges.

La coquille disposée entre les braises qui tour à tour s'allument et s'éteignent, soupirent, la bave mousseuse qui très vite s'évapore et sèche, la chair noircie et rétrécie de l'escargot qui diffuse un léger parfum salé, voilà une danse du feu.

Gaston, Henri et Adrien se délectent, réunis autour de ce festin fugace et improvisé. Le feu attise leur imagination.

Après ces réjouissances, les trois amis rentrent paisiblement à la ville. Ils laissent derrière eux le feu se consumer. Gaston jette un dernier coup d'œil vers les braises qui commencent à luire dans la nuit tombante.

« Pourquoi regarder un feu, méditer le feu, rêver le feu m'est-il d'une si grande douceur ? » s'interroge-t-il.

Les trois compères partis, les braises continuent de vibrer entre les pierres. Dans un soupir, elles chuintent et chuchotent, épuisées d'avoir tant fait danser les flammes tout à l'heure.

À l'entrée de Bar-sur-Aube, sur le pont aux sept arches en pierre, les trois amis se saluent. Avant qu'ils ne se séparent, Adrien donne une bourrade amicale à Henri, comme pour l'inviter à partir. Gaston s'en amuse. Ils se disent à bientôt. Comme à la fin de tous les jours d'été.

Gaston, avant de rentrer chez lui, fait un petit arrêt par la maison de sa grand-mère. Juste après le pont, dans le virage, c'est une maison basse, paysanne, l'ancienne maison du cordonnier, son grand-père. Se doutait-elle qu'il viendrait ? Sa grand-mère est en train de préparer des gaufres. C'est toujours la même recette dont il vérifie la valeur et goûte la constance depuis qu'il est petit. Un parfum, une saveur, une odeur sont des détails immenses qui nous reconduisent à l'enfance, au présent de la présence.

À côté de la grande marmite où les pommes de terre qu'elle destine aux poules achèvent de cuire, sa grand-mère a disposé deux moules qu'elle fait chauffer alternativement. Gaston, sans rien dire, la regarde faire, précise, méticuleuse, adroite encore malgré son pas hésitant et son grand âge. Elle retire un moule de la braise incandescente, hérisson d'épines rouges. Elle l'ouvre et, de sa louche, y verse une pâte épaisse qui frémit et bouillonne au contact du métal brûlant.
Le grésillement de la pâte, les volutes de vapeur font monter dans la pièce une odeur sucrée, veloutée. Gaston ouvre la bouche pour parler.
« Tais-toi donc nigaud, l'arrête sa grand-mère. Assois-toi vite et mange.
— J'aime presqu'autant te voir les faire que les manger ! Mais ne t'inquiète pas, le plaisir du ventre, ça me parle aussi.
— Profite, profite, mon garçon, lui répond-elle d'un air lourd. Les temps sont sombres, même pour les futurs mariés.
— Justement, tu me fais penser que je suis déjà en retard pour aller retrouver ma Jeanne ! »
Et savourant la gaufre brûlante, et tout ce qu'elle évoque de poétique, Gaston ajoute en lui-même :
« Décidément, manger n'est pas seulement se remplir le ventre. C'est une façon de communier. »

Sur le pas de sa porte, encore absorbé par l'image du feu ardent et les parfums de cuisine, Gaston aperçoit sa future femme, la nouvelle institutrice de l'école des filles, le visage sombre, elle aussi. Non pas de colère, ce n'est pas son tempérament, mais d'inquiétude.
« Que se passe-t-il ? lui demande Gaston, soudain soucieux.
— Ton père est là. Il a une mauvaise nouvelle. Oh ! Gaston, j'ai si peur de ce qui va arriver ! » dit Jeanne se jetant en sanglots sur sa poitrine, se blottissant dans cette déjà longue et floconneuse barbe noire qui adoucit tellement son visage.
« Ma Jeanne, faut-il t'inquiéter autant ? Nous nous marions dans quelques jours ! Il n'y a rien qui soit assez grave pour nous en empêcher, poursuit-il, de sa voix la plus rassurante.
— Si, justement, répond doucement Jeanne, le regard perdu au loin. Tout le monde en parle ici. Même ton ami Henri, avec qui tu étais tout à l'heure, est au courant. »

Dans la pièce principale le père de Gaston, assis sur une chaise en paille, attend son fils, le dos légèrement courbé, l'air grave.
« On a reçu une lettre de la gendarmerie pour toi, lui dit-il.
– C'est toi qui fais le postier, maintenant ? plaisante Gaston qui tente de détendre l'atmosphère. C'est drôle, d'ordinaire c'est moi qui dis aux autres qu'ils ont reçu du courrier ! »

Mais aujourd'hui, il reçoit une lettre dont son père a voulu se faire le messager. Elle est chargée du poids de la violence et de la mort. C'est une lettre officielle. Il en a vu beaucoup comme celle-là dans son bureau de poste, ces derniers temps. Elle est estampillée « République Française » et l'on y voit le drapeau bleu, blanc, rouge. Une plume appliquée a écrit : « Gaston Bachelard, Bar-sur-Aube ».
Il décachette la lettre, redoutant de confirmer le désarroi de sa femme, et de déshonorer le silence pudique de son père.
Ce n'est pas une lettre, c'est une convocation qui lui ordonne, comme à tous les hommes encore jeunes, de se munir de ses papiers militaires et de se rendre à la caserne la plus proche, pour rejoindre le contingent et récupérer son paquetage de soldat. Il est mobilisé. Nous sommes en 1914. Il a 30 ans.

Le repas terminé, une fois n'est pas coutume, c'est Gaston qui va chercher à la cave une bouteille de marc de la vigne familiale. Dans un grand plat posé sur la table, il verse le précieux liquide et y place de gros morceaux de sucre. Il accomplit un rituel ancien, un geste habité par la mémoire des ancêtres qui le firent avant lui. Ce rite, c'est celui de toutes les cérémonies familiales dont il a été le témoin depuis qu'il est petit. Avec une allumette, il touche la pointe de sucre imbibée d'alcool. Une flamme apparaît et descend doucement jusqu'au marc qui couvre le fond du plat. Alliance troublante du liquide et de la flamme. Autour de ce feu domestiqué se réunit le cercle familial. Jeanne, la petite institutrice qui paraît encore plus frêle depuis l'annonce de ce départ à la guerre, sent et sait l'importance de ce moment; elle éteint la lumière. Face au brûlot, une ambiance mystérieuse, presque fantastique, s'établit.

« L'eau de vie, c'est l'eau de feu... Elle contient une grande puissance dans un tout petit volume, murmure Gaston. C'est comme une bombe mais tellement plus poétique. Il faudrait écrire sur la magie du feu, les punchs et les rêveries alcooliques... »

Quelques mois plus tard, dans la Marne, une région de l'Est de la France, au fond d'une tranchée remplie d'eau, les pieds trempés, le corps gelé, Gaston et Henri avancent péniblement. Vêtus d'uniformes boueux, ils distribuent le courrier aux soldats. Alors que les bombardements se sont interrompus depuis un moment, ceux-ci attendent. Aucun tir d'obus, pas une balle ne siffle. Au loin, un village, dont il ne reste que quelques murs, finit de se consumer.

« On s'arrête un coup pour se reposer ? propose Gaston.
— Si tu veux, lui répond Henri qui tente de sourire malgré la fatigue.
— Je vais en profiter pour griffonner un mot à ma Jeanne… »

Enlevant ses mitaines, les doits engourdis par le froid, il écrit aussitôt :
« Ma Jeanne. Un petit mot. Je suis avec Henri et on distribue le courrier aux camarades. Ne t'inquiète pas, tout va bien ; je trouve juste Henri fatigué. Depuis hier, je vois le feu comme je ne l'ai jamais vu. Je connaissais le feu qu'on rêve et je repense souvent à notre dernier brûlot. Je connaissais vaguement le feu qu'on étudie – et ici les ingénieurs militaires inventent des armes à feu inouïes. Mais je découvre la profondeur du feu qu'on vit : celui qui pétrifie et qui purifie, qu'on se jette à la figure et qui brûle tout, même la vie. J'ai lu l'article d'un nommé Barbusse dans un vieux journal. Il parle de cette guerre comme d'un 'tourbillon de flammes et d'horribles nuées verticales' ou de nos tranchées comme d'une 'fantastique bouche de volcan creusée là par le canon'. Je crois qu'en rentrant de ce déluge de feu, je vais me mettre à l'étudier. Mais pour l'instant, c'est le feu de mon cœur qui me fait tenir… Tu me manques bien. Je pense fort à toi et je t'embrasse.
Gaston. »

À peine a-t-il rangé la lettre dans son portefeuille, à l'intérieur de son manteau, qu'une bombe éclate près de lui. Le souffle de l'explosion le projette à terre, faisant disparaître Henri dans un nuage de feu.

Dans le labyrinthe des tranchées silencieuses et inhabitées, comme purifiées par le feu, il se retrouve seul. Étrangement calme, il commence à errer à la recherche d'Henri.

Son pied bute sur un fil de fer barbelé, dans une sorte de lande désolée, et il tombe au sol. Levant les yeux, il voit devant lui des braises ardentes qui achèvent de consumer et de dévorer les restes d'un chariot. L'odeur du bois brûlé, le crépitement de la flamme, l'incandescence du chêne ravivent en lui l'image d'un foyer familier. Il se revoit petit garçon, alité, un jour qu'il était malade ; près de lui, son père fait un feu en prenant bien soin de dresser les bûches sur le petit bois et de glisser entre les chenets la poignée de copeaux. Manquer un feu eût été inconcevable ; aussi son père ne déléguait-il jamais cette tâche.

Gaston reprend son errance. Il avance dans une tranchée large et encore bien tracée. Des sacs de sable qui soutiennent la terre, fabriqués avec des tissus colorés, y dessinent comme un immense habit d'Arlequin. Après avoir progressé pendant quelques minutes, il aperçoit, à un carrefour, une haute flamme qui s'élève d'un terre-plein. De loin, il croit reconnaître la carrure et les épaules de son ami qui s'affaire autour d'elle.

« Henri ! » veut-il appeler. Mais alors que de sa bouche ne sort aucun son, un rire terrible lui répond, et la silhouette se retourne, révélant le faciès dément d'un soldat visiblement hanté par un rêve d'incendie.

De ses grands bras qui tournoient comme des faux, le soldat alimente le brasier immense qu'il a dressé devant lui, y jetant les outils de misère qui servent aux hommes pour violenter d'autres hommes. Planches des abris, crosses de fusils, roues des canons, brancards forment le bûcher de ce fou du feu, qui interprète une frénétique danse macabre.

Laissant à sa solitude ce dément incendiaire, Gaston poursuit un peu plus loin sa marche. Sur des surfaces immenses, la terre n'est plus la terre. Arbres et herbes ont disparu dans d'ignobles labours infertiles à force d'explosions. Cabossés, torturés par l'éclat des bombes, les chemins ne sont plus des chemins, mais des ornières remplies d'eau croupie où les chevaux morts et les corps des soldats s'entremêlent.

Dans cette désolation, où fument encore çà et là quelques restes d'incendies, Gaston se trouve face au corps presque entièrement consumé d'un soldat.

Telle une moderne et effroyable figure de Prométhée, ce héros mythique qui avait volé le feu aux dieux et s'en trouva puni, ce cadavre inspire à Gaston une sorte de fascination mêlée d'horreur – comme un sentiment originel du feu.

Dans ce labyrinthe de boue, le feu se donne sous toutes ses formes. Étant passé par un boyau étroit, Gaston arrive vers ce qui devait être la cantine du régiment. Bizarrement, dans ce lieu dévasté, un poêle continue à ronronner, seul.

La vue de cette flamme vive emprisonnée inspire à Gaston le feu du désir, évoquant la chaleur de sa Jeanne qu'il ne parvient pas à rejoindre mais avec laquelle il aimerait tant se fondre. Car ce foyer est une alcôve où se concentre une alchimie subtile, il est l'image de l'amour humain au cœur de la matière. Le feu y germe comme une semence, puissance de métamorphose et d'engendrement où s'entrelacent des formes éphémères dont la contemplation est une leçon d'éternité.

Enfin, Gaston parvient à sortir du labyrinthe, se servant du fil téléphonique installé par le service des transmissions comme d'un guide. Une dernière vision le salue : celle d'un phénix, cet étrange oiseau de feu qui renaît de ses cendres. On prétend que ce dernier, lorsqu'il sent sa mort venir, construit un nid de branches aromatiques, l'embrase et se consume dans les flammes, pour renaître, plus fort.

Le feu : la vie et la mort... Vraiment, la leçon du feu est paradoxale. Le feu détruit et fait renaître, forme et déforme. La flamme qui brûle en détruisant tout est en même temps source de tous les recommencements.

Parti le 2 août 1914, Gaston revient de la guerre le 16 mars 1919. Cinq années ont passé qui font et défont un homme. Les deux amis avec lesquels il avait festoyé autour des escargots sont morts. Leurs noms figurent désormais sur la liste funèbre qui orne le monument érigé à leur mémoire sur la grande place de Bar-sur-Aube. Ainsi voit-on inscrit le nom de son ami le caporal Henri Pinson, mort au combat en 1916, le jour où Gaston avait écrit à Jeanne.

Mais Jeanne, elle aussi, est partie. Ce matin, Gaston marche, escorté de quelques amis et de sa famille proche. Il suit, à pas lourds et lents, le corbillard qui emporte sa femme. Malade depuis longtemps, celle qui l'attendit durant toute une guerre vient de mourir. La lumière de ses yeux, où est-elle allée, quand la mort les a couverts de sa main froide ? Gaston sait que l'éclat de ce regard colorait sa propre vie. Le voici maintenant renvoyé à sa solitude. Jamais plus il n'en parlera.

Les années qui suivent, on voit souvent Gaston rêver à la fenêtre de sa maison. Alors que sa petite Suzanne dort encore dans la chambre d'à côté, une à une, des images remontent à la mémoire de Gaston. Le secret d'une philosophie, c'est la germination de ses idées, la lente maturation de ses thèmes, mais c'est aussi la pudeur de ses silences. On ne devient pas philosophe sans une histoire, ni la hantise d'une question. Pour Gaston Bachelard, c'est au feu que l'interrogation reviendra toujours. Avant la guerre, il le sentait, mais maintenant il le sait.

Désormais, Gaston s'explique moins avec le feu qu'il n'explique la chimie de la chaleur. Sa vie est une quête rigoureuse mais triste d'un savoir du feu.

Pour lui, étudier la science est un combat, mais un combat moins douloureux que la vie. Il pense le travail de la science comme une rupture avec la vie ordinaire, et l'expérimentation scientifique comme une rupture avec l'expérience quotidienne.

Faire de la science, c'est abandonner ce que l'on croit évident pour l'avoir toujours vécu ou éprouvé ainsi. Le feu, par exemple, celui de la vie ordinaire, n'est qu'une vague image, alors que le phénomène de la chaleur obéit à des lois et des mouvements moléculaires qui s'expliquent. Le feu fascine le sorcier, la chaleur est un objet pour le savant. Au désordre et au fouillis que présentent les phénomènes naturels – les différentes fumées, les flammes plus ou moins bleutées, les matériaux plus ou moins brûlants qu'on trouve dans un feu – le savant oppose l'ordre d'une matière rationnellement expliquée. L'image du feu étourdit l'ignorant, le savant s'en dégage.

Avant la guerre, pendant près de dix ans, Gaston a travaillé à la poste. Il y pesait les lettres et les colis, tamponnant, oblitérant, triant tous ces messages prêts à voyager pour trouver leurs destinataires à travers le dédale du monde. Dans son travail de postier, il se servait du pèse-lettre. Il a alors appris le rôle impartial de cet instrument. Peser est une opération inflexible. Vingt grammes pour une lettre, c'est vingt grammes. L'objectivité de la mesure est intraitable. Ce qui était vrai pour le postier l'est d'autant plus pour le professeur de sciences que Gaston est devenu.

Certes, de la poste au collège, la trajectoire n'allait pas de soi. Gaston a dû étudier les mathématiques, la physique et la chimie. Mais, aussi étrange que cela puisse paraître, c'est son travail à la poste qui lui a appris la rigueur utile en science. Lui qui rangeait méthodiquement ses lettres dans des casiers admire à présent les travaux de Mendeleïev, génial inventeur d'une classification systématique des atomes.

Aux élèves de son laboratoire, Gaston s'amuse à répéter ce qu'il disait aux clients de la poste qui envoyaient une lettre plus lourde que d'ordinaire : « Les scrupules de la science, comme ceux de la finance, réclament la balance ! »

O2
Ni
Hr

Aujourd'hui, comme souvent, Gaston déroute ses élèves. Il cherche à éveiller leur curiosité, à stimuler leur sens du raisonnement. Sa classe n'est pas nombreuse : à peine plus de dix élèves. Il a pris l'habitude d'emmener sa petite Suzanne qu'il installe au fond de la salle tandis qu'il enseigne.

« Commençons le cours de physique par une question simple. À votre avis, qu'est-ce qui est le plus lourd : un kilo de plumes ou un kilo de plomb ? » demande-t-il, l'œil rieur, se doutant bien que ses élèves ont compris qu'il s'agit d'un piège.

Les enfants lèvent le doigt, empressés de répondre, tant cela semble évident.
« J'sais, j'sais, Monsieur ! Un kilo de plomb, Monsieur ! s'exclame Auguste, un jeune garçon au visage tout ensoleillé par les journées qu'il a dû passer à travailler aux champs.
Et toute la classe de s'esclaffer devant la réponse précipitée, l'erreur grossière.
— Pourquoi riez-vous ? Les erreurs nous enseignent. Auguste, pourquoi es-tu si sûr que le kilo de plomb est plus lourd que celui de plumes ?
— Eh bien, les plumes, ça flotte, mais pas le plomb. Je le vois bien quand je vais à la pêche à la truite, répond celui-ci.
— C'est vrai, poursuit Bachelard, mais nous sommes en cours de physique, pas en train de nous préparer à pêcher la truite... On ne cherche pas à savoir ce qui est le plus efficace pour pêcher entre les plumes et le plomb, mais à comprendre comment mesurer leur différence. Toi, tu as un vrai savoir-faire pratique, mais ce n'est pas la même chose qu'un savoir scientifique. Alors, qui peut répondre à ma question ? »

Silencieuse, Suzanne sourit à son papa, qui semble heureux du tour joué à ses élèves.
« Moi, Monsieur, répond Firmin, un grand gaillard de douze ans, à la blouse tachée d'encre violette. Un kilo est égal à un kilo. Votre question, c'était un piège puisqu'un kilo de plumes, ça vaut un kilo de plomb.
– En effet, lui confirme Bachelard. Pourquoi était-ce un piège, alors ?
– Hum... en écoutant votre question, on imagine un grand oreiller plein de plumes en face d'un poids d'un kilo et on se dit qu'il faut beaucoup plus de plumes pour faire un kilo, et donc que les plumes sont plus légères.
– Tu raisonnes bien, dit son professeur. Pour répondre à cette question, il faut se débarrasser de ces images. Faire de la science, c'est se méfier des idées toutes faites. Ce que l'expérience physique nous apprend, c'est qu'il ne faut pas se laisser tromper par la densité d'une matière. Même si le plomb est plus dense que les plumes, la masse d'un kilo demeure identique, quelle que soit la densité de la matière pesée. Hé ! Je parle à toute la classe ! »

Bachelard hausse soudain le ton pour soutenir l'attention des deux bavards du fond de la classe, qui comparent, tranquilles, les billes qu'ils ont échangées durant la récréation.

« Je reprends. En science, on teste et on déteste les images. Les images premières sont souvent des erreurs premières. D'ailleurs, méfiez-vous des manuels scolaires, poursuit-il, un brin ironique. Ils sont pleins d'erreurs admises !
– Si on doit se méfier des manuels, s'exclame l'un des deux bavards pour montrer qu'il s'implique un peu, on n'est pas sorti de l'auberge ! »

Poursuivant son cours comme si de rien n'était, Gaston demande :
« Les garçons, vous cirez vos chaussures, n'est-ce pas ? Eh bien comment expliquez-vous que le cuir ne brille que lorsqu'on le frotte avec la brosse à reluire ? »

Un grand silence s'installe dans la classe. Puis...
« Je sais, Monsieur, c'est parce qu'en brossant fort, on met de l'huile de coude, et ça brille, dit un petit plaisantin aux oreilles décollées.
— Non, propose un autre d'une voix essoufflée, je pense plutôt qu'à force de frotter, ça doit lisser le cuir ! »

Amusé par ces réponses fougueuses, Bachelard reprend :
« Qu'est-ce que nous venons de voir ? Que la science est toujours une rupture vis-à-vis des images, des impressions. En fait, quand vous faites passer votre brosse à reluire, vous alignez les molécules de cirage ; de ce fait, l'angle de réfraction de la lumière devient le même partout, et alors ça brille ! Cirer, en science, c'est aligner des molécules. Vous comprenez ?
— Monsieur, il faut être drôlement savant pour expliquer les choses, lance Firmin en ouvrant des yeux ronds.
— Moi, j'ai pas tout compris, mais je vous crois ! s'exclame Auguste sans rancune.
— Malheureux, ne cherchez pas à me croire, mais à savoir, s'emporte Bachelard. En science, un peu comme à cheval, on avance en sautant des obstacles, c'est-à-dire en renonçant à des évidences... »

« Prenons un dernier exemple : celui du feu. Les alchimistes du Moyen Âge, un peu mages, un peu sorciers, ont longtemps cru qu'en perçant le mystère du feu, ils résoudraient l'énigme principale de l'univers. Et comme eux, nous projetons sur le feu des images qui nous empêchent de le connaître. Parfois, on imagine presque le feu comme un animal ! On dit de lui qu'il couve, qu'il dort, qu'on le nourrit... Faire de la science, c'est précisément rompre avec ces images. En chimie, on n'étudie pas le feu mais la chaleur. Quelle différence y a-t-il, à votre avis, entre l'ampoule électrique inventée par Edison et la flamme d'une chandelle ?
— Aucune, Monsieur, puisqu'elles servent toutes les deux à éclairer, s'écrie le voisin d'Auguste.
— Une ampoule, ça brûle un peu comme une bougie, dit un autre.
— Vous allez encore trop vite, proteste Gaston. Pour éclairer, la chandelle a besoin d'air, alors que l'ampoule électrique doit être vide. La chandelle brûle, se consume et disparaît alors que le filament incandescent ne fond pas...
— Monsieur, j'ai compris ! Parler de feu en science, en fait ce n'est pas assez précis : on devrait parler soit de la lumière, soit de la chaleur. C'est bien ça ? suggère Firmin.
— Bravo ! » répond Gaston enthousiaste.

La cloche sonne l'heure de la fin des cours. Un léger brouhaha se fait entendre, tandis que les élèves achèvent de recopier la leçon du jour. Bachelard range ses affaires et va chercher Suzanne au fond de la classe.

A

Arrivé à son appartement, Gaston ravive le feu dans la cheminée. Il en approche une bougie, l'allume, puis éteint la lumière artificielle avant de gagner sa table de travail. Ce geste, c'est sa petite rébellion domestique.

« Avec l'électricité, pense-t-il, nous sommes à l'heure de la lumière administrée. Il suffit d'appuyer sur un bouton ! Avec la flamme, la liberté de rêver, d'approfondir un geste et de l'habiter est tellement plus grande ! »

Ce soir-là, il se laisse justement saisir par la rêverie que suscite la flamme de sa chandelle. Il la regarde danser, se courber, s'étirer comme un chat, ou s'arrondir au gré des souffles imperceptibles qui traversent la pièce.

Soudain, se levant d'un bond, il s'écrie :
« Mais pourquoi n'y ai-je pas fait attention plus tôt ? Pourquoi ai-je étudié le feu seulement comme un objet de science ? J'ai délaissé ce qu'il a de sensible, de sensuel, de féminin ! Il faut être poète pour dire le singulier de la flamme ! Le poète ne nous révèle-t-il pas les pays les plus profonds de notre âme ? Savoir rêver, c'est connaître bien plus profondément le monde. »

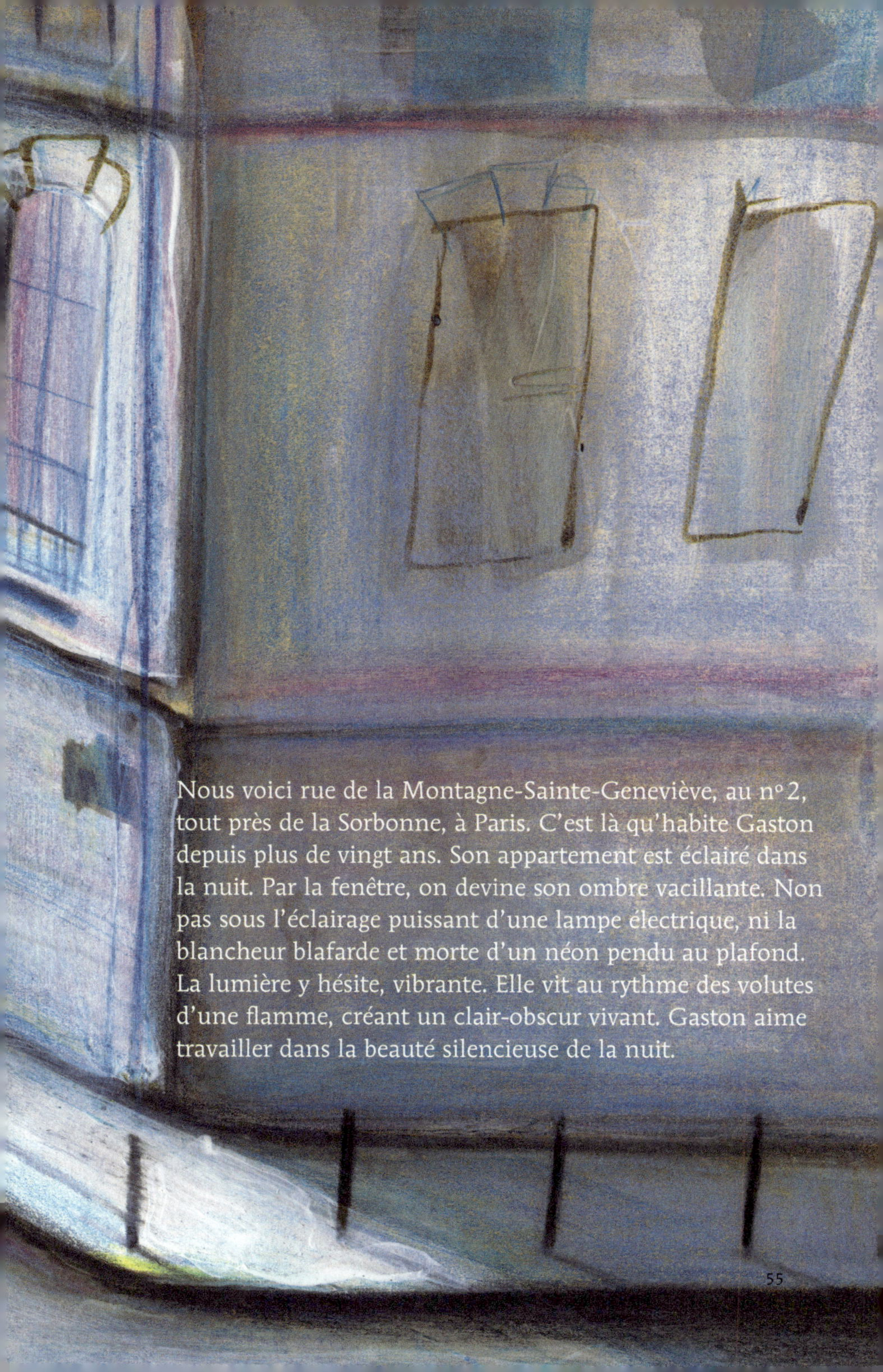

Nous voici rue de la Montagne-Sainte-Geneviève, au nº 2, tout près de la Sorbonne, à Paris. C'est là qu'habite Gaston depuis plus de vingt ans. Son appartement est éclairé dans la nuit. Par la fenêtre, on devine son ombre vacillante. Non pas sous l'éclairage puissant d'une lampe électrique, ni la blancheur blafarde et morte d'un néon pendu au plafond. La lumière y hésite, vibrante. Elle vit au rythme des volutes d'une flamme, créant un clair-obscur vivant. Gaston aime travailler dans la beauté silencieuse de la nuit.

Dans cette chambre parisienne, Gaston médite. Il rêve la flamme de la chandelle qui danse sur le coin du bureau. Avec elle, c'est toute sa vie qui danse devant lui car cette flamme n'est pas que l'émanation d'un morceau de cire. Elle est stimulation de l'imagination. Elle détourne de l'utile, ouvrant à une autre dimension du monde. Il est loin, le temps des paillasses de laboratoire ; désormais, par sa rêverie poétique, Gaston cultive la séduction des images.

Le cercle éclairé par la chandelle donne à sa table de travail une ampleur mobile. Sa table, il aime l'appeler une table d'existence. Gaston a appris à faire de la rêverie une philosophie. Il étudie les images, les images de ce qu'il vivait quand il était plus jeune, autour d'un feu ou d'une gaufre. Il les scrute, les teste, les sonde. Il est devenu goûteur d'images concrètes, celles qu'on trouve chez les poètes, comme d'autres dégustent un vin ou un chocolat. Ce soir, la joue posée dans la paume de sa main, le philosophe savoure ce climat poétique. Il ne rêvasse pas, il rêve.
Il conduit sa rêverie au fil des images.

Ainsi, le pas rapide et sonore d'un passant dans la rumeur nocturne de la ville devient pour lui le bruit d'un pic dans l'acacia au cœur de la forêt. Il déguste le renouveau de soi dans la contemplation de la fragilité de cette flamme.

Il a fallu à Gaston bien du courage pour oser soutenir que la rêverie de son enfance n'était pas infantile. Il lui a fallu oser affirmer, devant le sérieux des professeurs, que l'imaginaire n'est pas ce qui est irréel mais ce qui augmente pour nous le réel. Que la rêverie n'est pas ce qui ramollit et endort, mais ce qui tonifie. Que rêver n'est pas s'évader, mais s'approfondir, car les images ne sont pas que des illusions mais aussi des ambiances intérieures. Elles rassurent et font grandir.

Sur la table, comme un fait exprès, la flamme vient de s'éteindre. Une dernière volute s'élève encore au-dessus du bougeoir. Approchant la main, Gaston s'amuse à pétrir la cire chaude encore molle.

Petite boule de cire qui roule, petite tête de personnage imprévue qui se déploie au gré du modelage sous la pression des doigts... Des figurines prennent forme, et se livrent dans l'obscurité à des métamorphoses. Une poule, un petit soldat, des formes curieuses peuplent maintenant son bureau.

À côté de la chandelle consumée, Gaston regarde le feu qui soupire. Il se rappelle une phrase de la romancière Colette sur le dernier feu de l'année :
« Le feu que tu as allumé tout à l'heure dans la chambre est comme une joyeuse bête prisonnière qui guette ton retour. »

Il se dit que grâce à la poésie, il est moins seul, qu'il est plus doucement seul. Il n'est pas temps de dormir. Il n'est pas temps d'aller se coucher. Il est temps de rêver.

Achevé d'imprimer en novembre 2012
par l'Imprimerie de Montligeon
à Saint-Hilaire-le-Châtel (Orne)
sur papier Fedrigoni

Mis en page par Yohanna Nguyen

Loi 49956 du 16 juillet 1949 sur les publications destinées à la jeunesse
ISBN 978-2-36165-027-8